Por si te decides a volver

Por si te decides a volver

Daniel Villegas Castillo

Círculo Rojo
EDITORIAL

Primera edición: marzo 2024

Depósito legal: AL 429-2024

ISBN: 978-84-1061-771-1

Impresión y encuadernación: Editorial Círculo Rojo

© Del texto: Daniel Villegas Castillo
© Maquetación y diseño: Equipo de Editorial Círculo Rojo
Editorial Círculo Rojo

www.editorialcirculorojo.com
info@editorialcirculorojo.com

Impreso en España — Printed in Spain

Para Lydia, compañera de fatigas y felicidad de mis días.

Queda aquí para ti, al resguardo del olvido la tierna edad, yo que recuerdo con nostalgia el sabor de la infancia perdida. La primera vez que se detiene la memoria en aquel lugar donde todo parecía posible y necesitas contar para salvar lo que ayer se quiso sin reservas.

«Que allá en los años mozos nos fuera arrebatada.
Ese saber que del jardín venimos
y que no volveremos.
Y que no volveremos».
(José Luis Puerto)

«Como cartas escritas bellamente,
las historias comienzan
entre buenas palabras
y un corazón sacado de los libros.
En vosotros aprendo que la vida
tiene menos que ver con los principios
que con la dignidad de los finales».
(Luis García Montero)

«No quiero seguir siendo quien no soy.
No quiero recordar lo mismo que tú olvidas.
Prefiero que no estés a que te hayas marchado.
No quiero que me expliques qué has querido decir».
(Benjamín Prado)

«Que sólo aquel que entiende mi silencio
merece mi palabra
y tú hace tiempo que dejaste de comprender
que la diferencia entre un hogar
y un sitio al que volver
sólo es una puerta abierta.
Tu puerta cerrada
es la entrada a mi casa».
(Elvira Sastre)

1. AMORES DE JUVENTUD

Vos

Vos tiene color de pena,
color de pena tiene vos.
Del dolor del mundo abrasador
el hastío cuando llega,
no deja espacio al amor.

Quizás

Quizás no te dije que me gustaba estar contigo,
quizás no te dije cuánto te amaba,
quizás no te dije que me pasaría la vida contigo.
Te perdí, me perdiste, los dos perdimos.
Tal vez el amor se olvidó de nosotros
                              en su paso por nuestras vidas.

Quizás nos escuchábamos sin oírnos,
quizás nos buscábamos sin encontrarnos,
quizás nos quisimos, pero nunca lo dijimos.

Después de todo
lo peor no fue que se quedara en pasado,
lo peor no fue que se acabara sin reparo;
                              lo peor fue hablar de futuro.

Tinta

La melodía que nunca termina y la que no resucita,
las caricias que se esconden y las noches prohibidas de querer pensarte
como el humo de un recuerdo.

La sonrisa descuidada de quererte sin tocarte y la que no se olvida.

La piel donde no haya más tinta
que la que me ayude a salvarme
de mis propios borrones.

La nostalgia perdida a cada instante malgastado.
Las caricias infinitas en tu cintura
perdiendo la razón, quemando lo vivido.
La sonrisa enmarcada de darle la vuelta a esta vida.

Era la mala racha de buscarte, perdiéndome.
El quedarme descalzo, por no dejarte andar a tientas.
La púa de tu guitarra, que marcaba el ritmo de tu corazón
y el semáforo en rojo, cuando tú me decías «no».
Ahora, todo eso se olvidó.

Yo

Me vació la ausencia de tu presencia
por tirar mi tiempo escribiendo sobre tu hermosa belleza.
Me quedé derrochando tinta en un papel sin filtro
pretendiendo encontrar lo perdido,
y me dejé mis ganas de amarte al inicio del final escrito.

Me buscaste por tus calles de Madrid donde todo empezó,
y no te diste ni cuenta que fuiste tú
la que convertiste en recuerdo nuestra historia.
Me pensaste a deshoras
mientras yo lo hacía a todas horas,
y ahora sé que el destino pondrá todo en su sitio.

Me consideré un romántico de mierda con vocación suicida,
por llorar a oscuras las sonrisas que no merecían ser descritas.

Yo me creí muerto por alguien que no tenía los pies en el suelo,
porque viví con alguien que aparentaba tenerlos.
Amor de gata que no da nada
y se fue con todo lo que tú le diste,
no te preocupes, no hay mayor pena que quien pretende arañar sonrisa nueva.

Ahora no me gusta mirarme en el espejo,
porque veo todo aquello que se fue con la alegría.
Prefiero perderme en la sombra de mi vida,
esquivando la realidad incomprendida.

Ya no creo en promesas de amor, ni en abrazos que rompen hasta el alma.
Ya no creo en sonrisas cómplices, ni en caricias regaladas.

Por fuera cada vez más desgastado,
por dentro algo derrochado
y entremedias un corazón frío oxidado.

Aceras cruzadas

He conocido el abandono de perderme
entre tu boca y la mía
sin titubeos allá donde muere el amor
al otro lado de la acera,
atrevido por querer cruzar sin mirar.

Cuando los semáforos se detienen más de la cuenta,
el fugitivo se escapa con besos de despedida,
trasnocha el deseo del amor no correspondido
y la correspondencia es un juego perdido.
Cuando te siento distante y no hay remedio.

Las noches pasan los días como si nada.
Allá donde me quedo en soledad
en medio de la carretera,
no encuentro salida y comienzo a beber
intentos frustrados de una espera que se esfuma,
allá donde confieso mi amor a la luna llena.

He cerrado mi casa de las palabras
por miedo a no terminar las frases
o quedarme mudo de fragilidad
y mi derrota llamó a otra puerta sin vencimiento.
Las aceras cruzadas, a veces,
son la dirección opuesta.

En la cama

No es de recibo estar en la cama
con disidencia prestada en la noche,
donde el descanso se vuelve dañino.
Si los días que te doy son los que me quito
y no puedo tener más motivos encausados,
que un desarme de batalla
con intenciones de deseos prohibidos.

Tumbado en la cama pienso en el mañana,
hay proyectos, confesiones y deseos.
Todos los días vuelvo a empezar,
todos los días tengo un nuevo comienzo.
Soy pasajero de un tiempo nuevo,
convierto en pesar el sueño
y alzo la voz tímida de mi recuerdo.

Creo en lo inexplicable del amor,
en las palabras susurradas entre sábanas,
en la lágrima que se escapa por intento de sonrisa,
en el verse siendo tal cosa, en la vida disfrutada,
en lo insignificante del día a día,
en las dudas que parecen tirar todo por tierra,
en la dilatada experiencia de no tenerla.
Creo en los dedos que se cruzan
y las manos que se soportan.

Tengo una mesilla donde dejo un libro,
el que leo y me acompaña,
el que me abre un mundo nuevo.

Bajo la lluvia

Yo he querido el brillo de tus ojos
en una noche de añil,
las gotitas de lluvia golpeaban el capó de los coches
y nosotros paseábamos por calles empedradas,
respirando la pureza que queda
en el aire tras la tormenta.

Yo he visto como tus ojos
se cerraban al perder la alegría
y salía una de esas gotitas de lluvia
contenida en días grises.
Resbaló el llanto, rebosó por miedo a equivocarse
y se dejó mostrar sin la lluvia
sin paraguas en un día soleado,
sin motivos por los que llorar.

Por la calle de la vida hemos visto pasar la alegría
y hacernos presos del dolor.
Yo he querido que tus ojos no se empaparan,
hice de paraguas para un cuerpo herido
y corroboré en tu pestañear
la posibilidad de sonreír bajo la lluvia.
Pero ya no llueve como antes,
ya nos mojamos sin miedo
y hemos preferido cubrir con amor
la difícil realidad.

Corre

No soy el dolor que queda
cuando me voy corriendo,
no soy la lágrima que se atreve a salir
cuando no estoy,
corre.
No soy los ojos que lloran vacíos de esperanza
cuando el tiempo se acaba,
corre y no mires atrás.
No soy la ausencia que queda
después de una fiesta
cuando una despedida más nos rompió,
detente.

Soy la sonrisa que salva del sufrimiento,
el atrevimiento a apostar por la vida
y no la tristeza que se forma de la ausencia,
presentida en ojos que lloran lágrimas de dolor.

Soy el ladrido del perro cuando la atadura lo muerde:
la desilusión de los domingos por la tarde,
las ganas de esquivar la realidad que nos corrompe.

Soy el poeta que se esconde en ese uniforme de talla ancha:
la mala racha de quedarme en el olvido cuando todos se miran su ombligo,
el prefiero contigo perdido
que el dónde coño nos conocimos.

Corre si estás dispuesto a ser feliz…

Miedo a caer

Tienes miedo a caer y no saber levantarte,
te cuesta un mundo encontrar tu camino
y no le ves ningún sentido a las cosas.
Has perdido la felicidad,
perdida por no buscarla, perdiéndote sin querer.
Lo intentas a diario, te levantas de la cama
y quieres pensar que haces lo correcto;
pero cuesta demasiado creerse lo que uno hace bien.
Es fácil tentar al abandono
y a la tristeza que ahoga en un pozo sin fondo.

Cuando no encuentres la luz que ilumine tu día,
dale algún sentido desde lo más nimio del hacer;
atrévete a superar la falta de ilusión
con promesas que guardar
en la resistencia de tu corazón.
Porque desistir y renunciar es fácil,
lo difícil es seguir buscando la felicidad en la vida.
Cuando uno no sabe lo que quiere,
quizás lo que quiere sin saberlo
es quererse un poco más y mejor
para poder seguir andando.
Porque todos seguimos, pero tal vez sea bueno
detenerse por un momento
para poder volver a caminar feliz.

Luna

Luna ya no quiere vivir de alturas,
se contamina de la ausencia del mirar,
toda ella está llena, de luceros perdidos en la tierra
para besos que no se supieron dar.

Luna se enamora de los vasos alzados,
es musa e inspiración al quiero de una noche
y al sentimiento en silencios de almohada.
Toda ella condiciona mi mirar al cielo
y es lo único que define la sensibilidad estelar.

La oscuridad en la que mirábamos las estrellas,
las estrellas que corrían retrasando el amanecer
y la luna que permanecía estática, brillando sola.
Si el nuevo día llega, que nos pille con el deseo
de hacer eternos los besos que nunca se vieron.
Todos llevamos a cuestas
las mieles y las hieles de la noche,
pero pocos son capaces de convertir en fortuna
todo ese sentir.

A oscuras, sin luna llena, con nostalgia y pena
el mundo ha sacado su luz de la nada.
El amor no entiende de guías después del día
y todo aspira a durar más allá de la noche.

Árboles frutales

La torpeza de perder los pétalos al viento en invierno,
el desnudo de los árboles en otoño,
las flores que alegran la primavera
y el cambio de estación,
dejando atrás veranos silvestres del amor.
Los sentimientos que quedan
cuando los recuerdos se olvidan,
y sin importar el momento del año, te querré toda la vida.

Ella me permite ser partícipe de lo impropio
y yo le doy sentido a su padecer.
Es amiga y confidente,
sin ella no podría seguir adelante.
Me enseña su dolor.
Algún día me regalará en el apoyo del suelo
su ausencia.
Tendré ese resquicio dolor,
para un plácido sueño sin despertador.

Yo quería ir de la mano por jardines afrutados
que sobrevivieron al invierno,
es tan bonito intentarlo
que debe ser un acto suicida.
Paseábamos por Madrid con el frío de la mañana,
conociendo cafés
donde los deseos fueron un viaje sin estación.
Cada vez siento más
que una vida sin amor es imposible,
nocturnas caricias
donde el único sentido fue el querido.

Hay flores marchitas que pierden su color,
que se olvidan de lo recorrido
y sucumben a un adiós;
pero también hay pobreza en los ojos del que intentó y perdió,
por no poder dar más de lo que tuvo.
Hay un dolor que no termina en herida
pero que tampoco se cura,
ni el tiempo ayuda a salvar lo que cayó del árbol
cuando llegó su hora de consumación.
Todos somos árboles frutales
esperando el bocado degustado
del que sepa apreciar el gusto, en el sabor del amor.

Quiere bonito

Quiere bonito, deja volar el pájaro libre
y no lo ates al piar que te guste,
deja ser y quiere su felicidad
en cada acto de comprensión.
Las personas que nos mejoran,
no nos limitan
y nos regalan momentos inesperados.

Las canciones que me cantabas,
la poesía que me escribías,
las cartas y las dedicatorias bonitas.
Tus llamadas de compasión,
tus perdones queriendo tocar el cielo desde el infierno,
ninguna verdad en caricias
si antes de decir todo lo que me quieres
no hay muestrario de credibilidad,
toda mentira sonreída
si no estás dispuesta a mejorarme en mis días grises,
si después de la lluvia no sale el sol;
no me vengas a hablar de amor.

Quiere el tacto de mi piel,
con la delicadeza que cuida los imperfectos,
las arrugas que no estropean el sentimiento,
los días que serán la cuenta atrás para vivir contigo,
el saltar los charcos
con la alegría que deja atrás la pena,
con la nostalgia de haber llegado hasta aquí juntos
y la espera de un deseo
que no se consuma con los años.

Que quede en cada muestrario vivido
lo que fue lo nuestro,
el sentimiento que duró
y no sucumbió al tiempo.

Mi filosofía de amor

Con frecuencia confundimos el fundamento con la función,
por eso yo prefiero enamorarme
a hablar del amor.
Es el triunfo que sabe a derrota,
el beneplácito de la victoria.
Quieren eliminarla no por ser peligrosa;
sino más bien porque no saben qué es,
y cuanto menos eso es un peligro fundado
por falta de fundamento.
Filósofo enamorado.

No se enseña;
pues filosofía es necesidad sin utilidad,
es aprendizaje sin postración,
es el instruir original cuando hay falta de creatividad,
y es todo lo que con su posible no se quiere para con nuestro presente.

Nos quieren huérfanos de interrogación desde el primer balbuceo.

Filosofía como coraje en el tiempo,
suspiros, rechazos, pensamientos.
El abandono en diferido, el amor a lo vivido.

Filosofía,
esa puritana de soledad,
esa turbación del estar,
ese amor al desamor,
ese solo que se siente solo,

ese malentendido,
esa dicción hueca en silencio,
esa madre huérfana de hijos,
ese cuidado al escuchar,
esa necesidad de cuestionar,
y ese vivir siendo filósofo.

Como filósofo he escrito del amor
y tengo que decir que si algo mueve el mundo
es el deseo de aventurarse estando acompañado.

Creo que quien está enamorado
se juega la vida en cada precipicio,
está dispuesto a regalar su sonrisa
aunque sea la última;
porque sabe que el fin del mundo
sería maravilloso a su lado,
aunque terminase mañana.

Somos uno
cuando entre risas pareciese que se para la puta música
y es justo cuando nosotros comenzamos a bailar.
Felicidad en cuatro años de amor,
donde hemos crecido juntos.

Filosofía de las migas de pan
las palomas sin aliento, despojan el campo fértil de alimento.
Un posible renacer en el viento,
de un nuevo tiempo sin cuento.

Sueños intentados

Un profeta del corazón
que es un esclavo sin esposas,
que es de baladas de amor,
que es un traicionero sin traición
algo cobarde por tus medias,
que se bifurca viajando por las dudas
                              del estorbo enamorado.

Un refrán de cuentos mal leídos,
un zarzal de vidas malvividas,
un escribir lo que nunca debía
                      y un estar por estar.

La voz silenciosa
del que vive sin ser visto,
del que siente sin sentimiento,
del que cuida lo descuidado.
Que se desquita de la realidad
en su soledad,
                  y es de alabar el intento.

Todo sentirse solo

Todo lo que tengo, todo lo que no soy.
Todo lo que quise, todo lo que me dejaron querer.
Todo amor dado al tiempo, todo enamorado presto a su deseo.
Toda posibilidad de sueño, toda certeza de hechos.
Toda ilusión de por vida y toda esperanza en vida.
Todo sentimiento de abandono, todo sentirse solo.

Entre tanta historia contada, uno no sabe a qué atenerse.
Pocas veces uno sigue persiguiendo lo que pudo haber sido,
pero muchas veces a más de uno le siguen los equívocos arrepentidos.
Seguiré queriendo…
ese querer que siempre se dejó querer.

Ese amor vestido de desamores,
la fragilidad endurecida.
Ese enamorado desvestido de amores,
la verdad silenciada.

Ese olvido recordado,
esa ausencia presentada.
Ese recuerdo olvidado,
esa presencia ausentada.

Solo y desgarrador soliloquio…
sórdida y cruda,
sola soledad.

El amor de mi vida

Todo lleva su tiempo,
todo es desamparo y nada es pretérito.
Corazón maltrecho de la noche,
somnoliento y fugitivo.
Salió la luna y no se terminó el día,
se vino la noche en mis pupilas
cuando me equivoqué al sentir antes de decir,
al no saber lo que podía doler.
Son muchas lunas las que me has acompañado,
puedo estar una más sin ti
pero ninguna más sin verte sonreír.

Te pido perdón por no saber hacerlo bien,
cada uno queriendo lo hace lo mejor que sabe,
sabes que yo siempre te querré.

A la búsqueda de solución
él siempre fue un experto,
ella movía cielo y tierra por verle,
él la buscaba en cada poema recitado bajo su voz
y juntos iban de librería en librería leyendo poemas,
conociéndose un poco más,
sintiendo más el uno del otro,
enamorándose en versos elegidos al azar
en estanterías que necesitaban de una caricia,
y del amor que brota de las páginas leídas
si son sentidas.

L

Con un suspiro, ella es real.
Enfrente está el mundo,
los años descontados son los recuerdos olvidados.
Ella es levedad que se ondula en la sien dolida,
fantasea y se subleva.
Se alza con certeza de herida,
se mira.

Rizos de libertad, ojos color tierra y piel gitana.
Azul cielo, flores desvestidas al viento e intentos de esperanza.
Corazón inquieto, sueños de juventud y días que no volverán.

Sentimientos de deseo,
amores sin tocar y ojos abiertos,
del querer subido al cielo...
Suspiros de palpitar,
decires con roces y labios carnosos,
del vivir bajado al infierno...

Dos,
uno frente a otro,
uno sin el otro,
dos enamorados.

Gitana de piel gitana,
de vida que siente,
de sentimiento de vida,
de noches de Albaicín,
de Granada...

De,
desde que te vi,
no poder vivir sin ti.

Escribí de una mujer especial,
—la verdad es que tengo ganas de comerte a besos—,
de sonrisas cómplices mirándote a los ojos
y darme cuenta de lo prohibido.

Siempre estás en mis mil recuerdos,
en ellos rebusco y te encuentro.

Hoy no te veo pero nada deja de latir a destiempo,
seremos dos y uno para querernos.

Generaciones

Herederos de generaciones pasadas,
ninguna desdeñada en su tiempo
aunque todas pasajeras en la historia.
Si la vida se mide por su dosis de palpitaciones,
tenía un puñado de opciones,
ninguna idea; pero más de un posible.
Se percató
de que es tan simple como sangrante, entender que el mundo no estaba a la altura
de querer resolver sus disonancias.

Los sueños por lograr estuvieron anclados a unas hojas de papel,
versados en pinceladas de idearios malogrados.
La mirada ausente rara vez es deseada,
en el infarto del presente a todo querer se lo ha llamado valor.
He visto más amor en estaciones de tren que en confesionarios de iglesia;
pero el amor es de valientes,
que aun siendo desheredados de posibles
en plena noche sueñan.

Lolita

Tenía la mentalidad muy clara y la sonrisa muy lograda.
La opinión que precede a toda idea y se torna en sueño,
una pose que dotaba de elegancia al paisaje sin mostrar más que el tener de lo puesto.
Tal vez, poca fuerza para discernir entre un deseo y un te quiero;
pero demasiada nostalgia para olvidar la infancia
y no poder añorar su presencia.
Su cualidad discernía a toda posibilidad de logro,
su grandeza radicó siempre en la falta de ella.
Era la arrogancia que precede a toda duda,
pero que se embelesa al saber su doctrinal padecer humano.

Recuerdo a Lolita más bella por lo que no se veía de ella
que por lo que en el papel se podía descifrar;
donde es sencillo padecer la elección de mostrar lo que se es
y tan complejo como insignificante,
necesitar la vida y desear la muerte.
Es modesto y discreto el tenaz sueño de infancia.
Se vuelve vulgar el ser persona
donde es indigno el miedo de uno,
del que se muere sin aprender a vivir lo que no te enseñan en la escuela.

Mendigo del amor

Los besos que no diste
agrietaron los labios que no quisiste.
Los abrazos que no sentiste
dejaron atrás más de una amistad.
Los ojos que no supieron de ti
se perdieron entre la gente
tratando de encontrarte,
y se conformaron con la sencillez
de sentarse a esperar
a alguien que estuviera dispuesto a fijarse en mí.

El ajetreo de una ciudad que no para,
que no se detiene, que abruma,
que es pleno Madrid.
Atrapado entre la soledad y la compañía,
sé que es más fácil
conformarse con lo que uno tiene
que no tener nada por lo que vivir.

Sencillez de dolor,
cuando todos ellos no se paran a mirarme
cuando no me abrazan, ni me aprecian,
ni siquiera me miran;
pero sé que algún día alguien
                        se fijará en mí.

Aunque solo sea para que le escriba un poema,
con una palabra que me sugiera sin decir.
Sabré si eres tú, sé que volverás,
no desisto de esperar.
Cuando te escriba lo que fue nuestro amor
algo en ti me lo dirá,
la palabra que callas
en el mirar lo que nadie vio,
apreciar lo que nadie quiso
y besar con abrazos donde nadie se atrevió,

en el corazón.

Declaración

Aunque sea demasiado tarde,
he reivindicado tu presencia
a la luz de una vela.
Vagabundeaba alegrías en caras de felicidad,
me atrevía a llorar el dolor que me daba el rechazo
y solía ir bien acompañado,
agarrados de la mano, paseábamos juntos.

El tiempo pasa en relojes que no miramos,
que olvidamos en casa
y si no paramos en el momento de querernos.
Aunque mis días estén contados,
restemos la soledad
de no dejar mis huellas en tu piel,
y no sentir la frialdad cuando no estés.
Solo entonces
podré enviarte una carta sin nombre,
podré besarte en sueños,
crearte de la nada
y no esperar respuesta alguna a mi declaración de amor.

Nuestro navegar

He llorado fantasías de amor
en barcos que iban a la deriva,
y dejé de existir, como si volviese de la decepción
que espera más de la cuenta. Cuando a uno le dejan,
hay una pregunta sin respuesta
que no será respondida
porque ya no hay a quien preguntar.

Si todo lo que hacemos es para que perdure;
cuando uno se queda solo, el tiempo se embarca
para querer volver
pero sin poder ya, ya nada parece igual.
¿Dónde quedaron los restos de nuestro navegar?
Esperando a que alguien nos encuentre,
el desastre del estar hecho añicos se va
cuando a la memoria del amor que fue,
ya no se siente igual.

Si tú no me quisieras

Si tú no me quisieras,
intentaría guardar el trocito rechazado de mí
en un tarro de cristal opaco,
para no volver a enseñar
lo que un día no se supo ver.

Si tú no me quisieras,
me iría por vericuetos de amargura
y se abriría la llaga de tu ausencia
en baños de soledad,
me quedaría sin pretensión alguna
ni orientación en el firmamento,
buscaría la esencia de la vida y no la encontraría,
sangraría mi corazón con lágrimas de añoranza
y me dejaría ser
caminando por el camino de la pena y el llanto,
seguiría andando porque no tendría más que hacer
para recuperar tu cariño.

Si tú no me quisieras,
sé que una parte de mí se iría contigo,
te llevarías la mejor versión de mí,
el contenido del tarro de cristal robado
que yo ya no podré enseñar
y tú recordarás,
eso que aparecía cuando estaba contigo.
Si tú me quisieras,
no habría motivos que me llevasen a decirte adiós.

Susurros de amor

Un trotamundos por tu cuerpo
tratando de encontrar alguna dirección,
la suavidad de una piel
da paso a la rugosidad de otra piel,
hay lunares atrevidos
que se atreven a diferenciar camino
y senderos del amor
en el roce y el calor.

Fue el color marrón, de unos ojos
que desbordaban curiosidad,
en días de inocencia dispuestos a soñar.
Con rizos al viento, en cada paso que das, se define
mi deseo de mujer.
Fue la sensibilidad que cura mis emociones
en cada pálpito de bondad.

Recompones mi alegría con susurros de amor,
eres la utopía hecha realidad
y la travesura por las noches
buscada en los recovecos del corazón.

Amor poético

Sigo siendo un vivaracho por tus piernas,
el terciopelo que acaricia en noches de intimidad
o la inseguridad del pretender que nada cambie.
Acuérdate de los domingos
en los que las calles se vaciaban del trémulo desenlace del amor;
como si todos nos debiéramos una segunda oportunidad,
acaricia el tiempo que se fue con el pálpito que quiere,
no te olvides de dónde vino la intención en el mañana
y atrévete a quedarte cuando todos se van.

No sé qué tendrá querer con lealtad,
que es el honor del caballero a su princesa;
cuando se postra el orgullo al respeto y dedicación.
El amor es la chulería del que sigue cortejando
cuando ya ha conquistado el corazón,
que no claudica su cariño en los labios ya besados,
que quiere por encima de todo.

Sé que la poesía es el reflejo de la vida contada con palabras distintas,
que no aparecen en ella
y se miran en un no saber vivir sin emoción.
Cuando el enamorado se atreve a reconocer su amor,
la poesía muestra lo que no se ve a simple vista
y se consuma lo real más allá del dolor.

El pétalo de la juventud

La ingenuidad enseñó a cuidar lo que se descuidó sin querer.
La última flor de la primavera se desvistió
al son de un mirar fortuito, huérfano de cuestión.
Nos faltaron escondites de locura, olores de infancia y resquicios de amor en vida.
Nos faltaron magia y un toque de chulería.

Sangramos por surcos de caídas y derroteros, de rodillas al mundo;
donde la humildad es aceptación y la apariencia deja paso a la altivez vocacional,
donde lo humano se hace extraño sin dejar de ser vida presenciada
y lo emocional no se maquilla tras una lágrima.
Ahí, se rechazan vuelos ajenos para comenzar a despegar.

De qué vale la vida entre rastrojos,
con el frío de la madrugada, acompañado y tan solo entre la lujuria insana,
sin tiempo para valorar el tiempo,
con descuidos y decepciones pero sin prejuicios de ser rechazado,
con el rostro pegado al frío suelo
entre cartones como príncipe abandonado.
A la deriva pero con la desorientación encontrada,
como sonámbulos jugando a derribar lo que fue en valor el sustento del ayer
para salvaguardar el sentido del mañana.
Ahí, donde la duda se hace cuestión,
la vida pasa
y como espectadores acudíamos al término de un viaje…

2. RECUERDOS TARDÍOS

Cruce de miradas

Resuenan silencios en el café,
todavía te echo de menos.
Ahora que no escondes tu sonrisa,
y la rubia platino
quedó en el papel sin filtro.
Es del buen vivir,
bofetada de realidad
con bocanada de sueños.

De la calle al hogar,
una estufa queda encendida
por si regresas,
y un puñado de distancias
                                tan distantes.

El poeta que juega con su poetisa,
el perfil del mirar por descuido
y el devolver todo con cariño.
Querer ser más con menos,
quitarse el sombrero por cortesía
y perder la vergüenza con sonrojos.

Recoger la humildad,
pozo sin fondo del qué dirán
y añoranza del verse converso.
Es coraje ciego del que no ve,
cobardía lúcida del que no supo mirar,
y ponzoña en los ojos para serios problemas.

Tardes de café

Observamos el trémulo desenlace de los desenamorados,
la turbia soledad de los madrugadores,
el camino sosegado del desconocido,
la lectura contenida en un rostro que no nos mira.

Conversamos y añoramos la poesía que queda en el aire,
el ritmo de las palabras
de lo que no se puede decir,
de aquello que uno se queda esperando a que vuelva
mientras se toma un café en A Brasileira.

Café Gijón

¿Te acuerdas de los cafés de Madrid?
Con el calor hablado,
las musas literarias se desnudaban
al fulgor conversado.
Tomábamos un café con leche
que se enfriaba con la tertulia del momento;
todo sabía a un intento de publicación,
nada era callado sin motivo
y se dejaba ver con alguna intención.

Un buen día de invierno
llevábamos un puñado de ideas entre los dientes
para aflorarlas en el espacio al entrar la tarde,
con amigos y el compadreo fraternal.
En la memoria, ese libro que no se escribió
fue llevado con ilusión y se quedó hecho añicos
rebatidos con las caras nuevas
de los que vienen detrás.

El Café Pombo, la innovación, los telones a oscuras,
el cenáculo y la nueva literatura.
El Comercial, tu rotonda, el descuido, la prensa,
el debate del día y la reunión.
El Café Gijón, la tertulia, la razón y sus posibles,
esos sueños de un lugar vivido.
Calle Huertas, enarbolando emocionado sombras del pasado.
Creo en lo prohibido y la ambición desde la humildad y el corazón,
en descuidos cuidados y en prejuicios despreocupados,
en miradas cómplices y recuerdos de la infancia,
en locos disfrazados de viajeros por novelas sensatas
y en traperos algo chabacanos pero enamorados de la vida.

El Café Gijón tenía el toque de melancolía;
ese que suscita todo deseo
de la amada no correspondida,
a la que uno siempre estará obligado a volver a querer.
La juventud nos enseñó a jugar con minifaldas
que estuvieran dispuestas a tomar alguna nota
a pie de página, escueta sería pero ilusionada
por aparecer en el papel sin velo sobre la piel.

Escritores

La sangre de los escritores
es un querer terminar lo escrito
o un agarrarse eternamente al mismo libro.
Las historias con verdad me llevan al comienzo,
había un niño con una peonza
que daba vueltas a lo que sería
en el patio del recreo.

Siempre supe expresar con palabras
una realidad callada y fingida sin papel.
Contengo la vocación entre líneas;
con unas cuantas intenciones,
me doy en frases que siempre vuelven a empezar.

Empezamos a vivir con un corazón
que puso su palpitar
en los dedos cruzados de la suerte,
terminando de escribir la sintonía
poco real que quiso serlo
en cuentos sin final.
Lo hacemos con un lápiz roto en la mesa, con una hoja en blanco arrugada.
Lo sentimos tocando en una calle de sordos, una canción tocada en silencio.
Nos confundimos con un acorde de guitarra mal tocado, con dos estrofas
en verso de tu recuerdo.

Sangramos lo que pudimos ser de niños
pero nos mueve el arriesgo en proyecto,
con más de una historia que contar
y pocos logros que recordar.

Vemos un poeta, tal vez uno desgastado o tal vez uno malgastado.
Vemos un escritor siendo lector de su cuento en vida condenado,
vemos un cualquiera muerto por el tiempo.

El triunfo de lo perdido

Harto descosido,
mitificando el podio de la derrota,
escudriñando mi pozo sin fondo.

Estuche de gomas sin nada que borrar,
podredumbre en tugurios,
secretos que guardar.

De manos en los bolsillos
algo pánfilo
y fácil de descuidos.
Con cada hueco de dolor escondido
nada de fealdad
y difícil de cuidar.

Mierda de soledad,
asquerosa lealtad.
Grandiosa fealdad,
deseos de vitalidad.

El puñado de lo que soy,
la falta de gracia
y el soy sin llegar a ser.

El juicio de la verdad,
la injuriosa credulidad
y el rincón secreto que forjó mi identidad.

Toda una vida,
toda una
vivida de aspiraciones y corrompida por ligerezas.

Querer ser

El tiempo nos arruina lo justo y necesario
como para no querer pagar el acometido
con más de un desquite de dolor;
y sin embargo ahí vamos,
cobrando lo bueno y lo malo
como si no supiéramos pedir perdón.

Tengo la sensación que si el ser humano tuviera la mínima noción del querer,
querría todo lo que no es.
Y no es que no vea bondad, ilusión y esperanza;
es que sabemos lo que es todo eso
y queda bien de nuestro lado,
nos gusta estar en la trinchera de los buenos
sean vencedores o derrotados,
queda bien.

La historia nos ha enseñado a la corrección de una forma de vida
aprendida por caídas o desdichas,
esas que nos llevaron al punto final
con más de una discordia.

Los agravios que duelen no son la palabra dicha
por escape de una voz que gobierna,
son el gesto o el carácter que precede a la orfandad
por ausencia de disputa.
Nos mata no expresar lo que sentimos
y así vivimos.

Veo demasiados funerales
que se dibujan en pupilas ausentadas
por comodidad, cobardía y de vuelta a la rutina.
Si el ser yo hiere en exceso
que sea la herida abierta la que supure,
antes que ser la caída impedida
que me lleve por la tangente.

Con cuestas tramposas,
sonrisas que son credulidad turbia
y aplausos de circo,
se van callando lo que son dolores de cabeza a la carta.

Si yo no soy yo; qué será de mí ahora,
seré un gustar a todos
o un que me acepten, aunque no me acepte yo.

De pronto me vi siendo un payaso de circo;
donde me comí la cabeza y me dieron un golpe de realidad,
quise salir de la actuación
al mundo siendo yo
y me tomaron por loco.

El loco ya no hace gracia,
pero fue derrochando la vida sin prisa
dando el acometido de lealtad.

Mi tierra

Surtideros de los años,
mentideros del abandono,
cada vez más malheridos y arraigados al llanto.
La señora hace ganchillo en el patio de luces
donde se guisa la comida del campo
y se cobija el trocito de nostalgia
en el bálsamo de un recuerdo intenso.

En una silla de mimbre
estoy sosegado y sentado,
pareciese que suena una guitarra española,
se escuchan los atisbos del ayer queriendo volver.
Sacábamos los guisantes en barreños
y recogíamos el agua de la lluvia
por un canalón a un desagüe céntrico,
como si nos fuésemos a desviar en el correr fluvial.

Nos contábamos los cotilleos
con una pizca del ajetreo en plazuela,
y por tomar el día con buen ánimo
soñábamos con escribir lo vivido algún día.
Cuando llegase ese día,
ya no sabríamos de trasluces
hablados al calor de las brasas
bajo la faldilla de la mesa,
no sabríamos de siestas veraniegas
y estuarios de crecimiento,
aprendido en un pueblo con sabor a jerga castellana
y coraje desamparado hasta para el madrugador.

Éramos caballeros desheredados
en tierras pobres,
con manos pobres e ilusiones pobres,
pobres que se sienten pobres
de un querer mantener el honor familiar
y la lealtad a una tierra, rica en pobreza.

Verano

Movimientos en blanco y azul,
brillos reflejos de un limpio cielo.
El burbujear de agua cuidada en los días de verano.

Figuras flotantes, que nadan de un lado a otro
y no se cansan, y soportan la práctica del esfuerzo.
Cuadrículas verdes en piscina de la sierra.

Diálogos húmedos y silencios de secano,
avispas con sed y hormigas al atardecer,
soleares con crema y piel morena.
Visitas invitadas de un no poder quedarse.

Escapadas de semana, llegadas de descanso.

Tierras pizarrosas de calor profundo,
enebros rudos que crecen poco en altura,
jaras pegajosas de verde oscuro y flores blancas,
viñas elegantes que imagino al final de la finca
con pájaros molestos, voladores y vivarachos.

Casa de la infancia, recuerdos que habitan
en la memoria transitoria,
del que no quiere perder
el ayer con el mañana.

Tiene que pasar el invierno

No a todos los inviernos se los puede querer,
hay noches fugitivas en días de escape
y melancolía escuchada
en el ruido de la lluvia, cayendo en el cristal.
La muerte engaña a la vida
haciéndola creer en posibles de salvación.

Vengo de familia humilde,
me he comido la infancia en La Alcarria
y teníamos el inmenso privilegio de compartir.
Los amores de verano
son los más eternos en el corazón,
y los que no llevaron a ninguna parte
pero nos enseñaron el camino a seguir.

La vida te enseña más por lo que te quita,
que por lo que te da.
Yo he llorado largo y tendido al final del verano,
por la pérdida del escapismo,
de la libertad transeúnte
                              pero al final, llegaba su final.
Tengo un abuelo que es contador de historias,
en mis vacaciones paseábamos por el pueblo
y me decía:
«Niño,
para que un nuevo verano llegue
tiene que pasar el invierno».

Entre bambalinas he visto pobreza con ilusión naciente.
El pobre apodado, en un conocerse
donde la intimidad es la del pueblo, aldea o comarca,
de su difunto estadio emocional
siempre luchó por llevarse una rebanada de pan a las fauces,
es corto de miras y huele a mierda;
aunque algunos dicen que es nómada de sentimientos
en un pueblo dignificado al Cristo de la verdad.

En los andares del destino,
con una personalidad arrolladora contaba anécdotas del pasado.
Escribano, malhumorado y trabajador; aún puedo recordar su caminar
por sendas ya hoy no encontradas por la altivez cultural,
que no es el altiplano de España; pero siempre fue su fuente de inspiración
y arraigo alcarreño.

Campos sin Castilla

«No extrañéis, dulces amigos, que esté mi frente arrugada»,
pues el dolor de la vejez rara vez arrecia en herida,
lo que al tiempo sufre en lealtad de una vida hecha.

Yo vivía «en paz con los hombres y en guerra con mis entrañas»;
ahora que mi obra vive, la muerte me lleva
y el lienzo de Castilla recoge mi colorear heroico,
esa luz lírica que sigue susurrando tras mi despedida.

La palabra escrita termina,
el vacío acontece
y la voz silenciosa está en paz consigo misma,
en ausencia de lo que fue aventura de un enamorado de su patria.

A Antonio Machado

Abuelo

Que todas las promesas
sean poemas,
que no te quedes sin ti
y que haya motivos para salir de aquí,
que no te olvides de mí,
que bailes sin razón
y sepan todos que fuiste feliz.

Que corras donde no se pudo,
que vueles sin alas
y que sueñes pequeño,
pero con altura.

Que vivas cada momento;
que si mueres,
hoy no haya tiempo
para quedarse dormido.

Que llevo mi infancia a cuestas,
que tengo abuelo, que lo revivo en cada palabra.
Que le hablo, que le quito años…
que le siento con lealtad.
Que vamos de la mano,
el niño y el anciano
jugando a no saber
quién es quién.

Que algún día volverá
con la promesa que es verdad,
la de quedarse
sin saber bien cómo,
y aunque cueste la vida.

El principio de los finales

Mi vida son cuentos de un tranvía que se perdió,
cómplices de domingo sin miedo al qué dirán,
travesuras a cara descubierta
y vespertinos sueños buscados, deseados, añorados.

Dirán que fui ladrón de un perdimiento encontrado,
seré acusado de un arrecife destruido
y encontraré el estuario de insomnio sosegado, frío,
silencioso en una noche presente de ausencia propia,
con dolor que precede a la caída
y la herida que duele como un espejo roto.

Cómo contarte que fui un enamorado del amor,
si todas las noches te busco y no te encuentro,
y todos los días me pierdo en tu búsqueda.
Soy menos poeta que tú, si todo lo que te digo,
solo son susurros al odio de palabras
que no podían ser pronunciadas,
de versos que no debían ser recitados,
de sonidos que no permitían ser escuchados.
Me duele contarte que no puedo vivir
sin decir lo que se me perdió años atrás,
y aún sigo buscando.

Cómo contarte, que me muero por decirte,
que no puedo vivir sin terminar la experiencia jugada con palabras,
que cubren con finitud el estar aquí por suerte.
Leer ha completado una vida incompleta,
escribir le ha dado algún sentido necesario por sentencia.

Si me siento vacío, será que nada ocupa el sitio del asiento trasero;
allí donde el perfume de la noche es musa traicionera,
me despido con soledad postrera.

Lo que no sea querido, será sentido igual,
a solas, en silencio y sin fortaleza,
con taquicardias que apuestan por la vida
y se arriesgan a sonreír aun cuando hay penas.

Ese fue el principio de los finales,
de un loco jugando a ser cuerdo.
Me emocionaba el canto de los petirrojos,
ya sabes que a ratos me creía valiente.
Ahora creo en el amor,
en el amor del anciano
intentado desde una juventud tardía.

No pude rendirme,
preferí librar batalla
por alzar el pareado pómulo de mejillas
con descuido valiente de un sonreír,
aunque cueste.

Vida expresada en un gesto,
la curvatura del tiempo
se pervierte al sentirse viajero
de pasaje ajeno.

El arraigo del ayer

Echo de menos una realidad
honesta en la que poder ser un bohemio
transeúnte que pasea por el Madrid castizo.
Siempre supe que perder el arraigo del ayer,
era quedarse solo en el mañana.

Tengo una gorra que me pongo,
con la que salgo a tomar sangría de barril,
en una cueva cutre y con desgano
con palabras escritas en una pared fértil.
Hay un pianista que adorna el espacio
y une el tiempo frustrado
de los que vieron truncados sus sueños.

Era la oportunidad de contarte en el baile,
lo que solo sale de mí.
Era la valentía de querer conversar toda la noche
tratando de impedir el nuevo día.
Era la infumable felicidad
que se vende en carteles de publicidad.
Era la caricia que queda
cuando todos se van.
Era la sensación que solo existe
mientras nada es eterno.
Los días en los que uno se atreve a seguir adelante,
la vida a la que uno no puede renunciar
y la esencia de los mayores,
que persiste en otros ojos
con distinta realidad
y un mismo adiós.

Madre

Mi madre tiene la razón que me falta,
el saber estar y el apremio de lo que importa.
A mí me sobra el sentimiento
y me falta el control del dolor con palabras,
ella me enseña a ser con dificultad.

Mi madre es la orientación en tiempos de infarto
cuando no sé detenerme por un momento y pensar,
ponderar la vida y comenzar a valorar.
A mí me pierden los modales
y la sensación de dolor
cuando no soy capaz de pensar más allá.

Mi madre ha invertido su vida
tratando de enderezarme,
para que yo pierda las maneras de andar
                          en el caminar.
A veces, no sé si pensar o sentir.
Solo a veces,
el corazón se limita con el pensamiento;
pero el sentimiento desborda
cuando el dolor aparece,
o la alegría me lanza más allá
de lo que pueda por un momento pensar.
Quizás estemos condenados a pensar una vida
que debe ser sentida a diario,
para poder darle algún sentido.

Imagino

Imagino un mundo que se inventa el imaginario correcto…
Imagino a solas, desde el rechazo y el respeto.
Imaginen que por un momento la imaginación valiese de algo;
inventamos y avanzamos, según se mire.
Algunos dicen que vivimos más cómodamente
y otros que hemos perdido el sentido de la vida…

Si no puedo relatar a los pies de mi cama
sueños posibles que podrían haber sido y no fueron;
no vale de nada vivir de imagen,
pero vale todo imaginar otra vida
y por un momento soñar que hay un todavía después de cada día.

Imagino que John Lennon soñó demasiado con otro mundo,
y por eso tuvo que despedirse
de esta vida con una canción.

No imagino un mañana donde no vea mi hoy,
y aun así,
imagino que claudicaré el pasado dolido por un futuro creído…
a sabiendas de una vida contada aunque no sea escuchada.
A veces imagino que alejarse de la vida dada
es la única manera de acercarse a una vida feliz.

Recuerdos de viajes

Viaje al norte

Agua pura, cristalina, virgen y fría como ninguna.
Entre piedras negruzcas,
al final de una escalera
y por surcos de verde vivo,
la intensidad de colores representa la frescura habitada.

En días de reposo, hay libros escritos en la memoria
de un paisaje que se escora entre vericuetos de la infancia,
y que en cada mirada viajera
chocan los reductos montañosos de un lugar nuevo descubierto.
Al alzar la vista en una casona de Labrada,
nuestros ojos caen rendidos en los valles gallegos.

Patones me llaman

Escúchame pueblo
que te sientes solo,
cerca de Madrid
y a la vez tan lejos.

Escucho tus calles,
ando por el lugar
y me acompaña el silencio.

Calla tu historia
de un reino perdido
dispuesto a volver a encontrarse.

Vida que fuiste,
libro que serás
de un viajante
que te da las gracias,
por un lugar sin igual.

Lisboa es todo lo que se contiene en el arte humilde,
va de lo grande a lo chiquito
y engrandece aún más su estilo
con colgaduras de ropa y adoquines en calles.
Sus barrios lejos de ser la limpia belleza,
son la decadencia mágica;
y con ese toque de credibilidad se construyen los sueños en la vida.

La certeza de un amor
declarado a las puertas de un viaje maravilloso.

Jugando entre bambalinas
a no saber muy bien por qué fui fotografiado,
a veces me escondo en palacios de cartón
como si fuesen quintas de Sintra.
Me fui corriendo por el parque del palacio da Pena
y cuando me di la vuelta,
me enseñaron a mí abriéndome paso entre el bambú portugués.

Cuando la vida se detiene,
reverberan los pensamientos del no saber qué decir.
Prefiero un callarse aunque cueste;
a un hablar bajo precio.
Cuando esperes, espera al que esté,
ese no duele, no incomoda, no es susurro a distancia
y se atreve a hablar al oído.
Somos plaquetas coloreadas de felicidad,
soy la similitud risueña del verme solo rodeado de gente.

Alburquerque

Paseamos presumiendo con carencias del pasado,
venerando el amor ideal de la barra de un bar
y nos hemos corrompido con el paso de los años.
Yo crecí lejos de aquí,
fui la promesa incumplida de un joven
que se maquilló con nostalgia literaria.

Alburquerque es balconada en vanguardia
sobre las tierras de bellota.
Me detengo y miro una casa en calle Calzada;
donde algunos vieron el vivir en dehesas de dialecto arcaico,
yo solo veo la cercanía de palabra
en libros no escritos con la voz impresa de un señor nacido allí.
En este reducto extremeño se lo llama Luis y es un contador suyo de historias,
es Landero un novelista más en el resto de España.

Por el final del camino
se abre un cortijo sabor a infancia.
Un cigarral toledano me recuerda
que allá donde la vista no se eleva,
la opacidad del tiempo esconde divinas palabras
para personas que quizás no estén a la altura.

Señores, he rezado en la Mancha credenciales con sabor a verano,
como para desposarme con el rechazo del hoy
y el compromiso del mañana.
Los cobertizos de mi amor se esconden en la convivencia de judíos, moros y cristianos,
quién supiera lo que soy yo;
sino más que un bufón transeúnte en tierras ajenas.

Toledo es más que una ciudad,
es la huella de los azacanes en tierras de andantes soñadores,
aquellos que buscaron engordar un reino cruzado
por caminos que llevan al mismo final.

He visto un lugar donde la cultura está en sus calles,
con librerías faltas, y el dolor a capa y espada
escondido en las promesas de amor a la luz de un candil.

Nuestras correrías

Como los perros
correteando y lamiéndose las heridas,
he revolcado las penas en la hierba del jardín trasero
donde los problemas se escapaban al caer la noche.
He visto correas que apretaban demasiado
y fugas por necesidad,
abandonos que no se entendieron
en una carretera sin final.
Aunque algo se pierde con los años, hay lealtad
eterna para quien conoce al dueño
siendo un familiar.

Siempre he sabido más de la soledad,
paseada una tarde de domingo
por no quedarse solo en casa.
Nadie sabe qué siento
frente a un escaparate de libros,
sin olvidar lo que queda de puertas para adentro.
Yo he leído
acariciando a un fiel siervo
que escuchaba sin saber qué decir,
que sentía cada palabra que escuchaba
y giraba la cabeza con atención.

Nuestras correrías eran una soledad comprensible,
de un solitario aprendiz de biblioteca
y un lazarillo que tiraba del caballero ensoñado
cuando se abstraía de la realidad.

Es de

Es de infarto donde no hay vuelta atrás,
el querer sin remedio y el volver a empezar.
Es de desdichas torcer el gesto
para no volver a mirar atrás.
Es de insensatos jugar a ser capaces de un sueño
que hace tiempo se perdió.
Valerosa la intención del querer,
del querer ser capitán de un barco hundido,
poeta de un poema no dedicado,
hombre de biblioteca sin libros
y escritor de un texto no encontrado.
Es de lunáticos querer una luna
que no esté en el firmamento,
buscar la luz que desprenden tus ojos,
olvidarse de agravios a la mesa,
cuidar la sonrisa
que se bifurca entre cada pómulo sonrojado
y dar cuando uno tiene los bolsillos vacíos.

Es de aventureros atreverse, que no te engañen,
yo he vivido en la sombra
desprendiendo las imperfecciones
que me hacían rogar por mí,
y puedo decir
que siempre fui de callejones sin salida,
de arrabales fangosos, de polvo en lija
y sin rumbo oficioso.
Mantenía protegido mi resorte vital
en las lecturas de la noche,
pasaba de los conocidos para la historia
a los desconocidos con mucha historia que contar.

Es de la infancia recuperada
recordarme leyendo tebeos primero,
el Capitán Trueno era yo fuera de la ilustración,
el poeta enamorado después, sin correspondencia alguna en el amor,
el librero soñador sin libros suficientes que leer
porque nunca eran demasiados
y el escritor a medias,
entre lo que me dio la vida
y lo que conseguí apresar de ella en palabras.
Es de valientes no renunciar a los sueños
y si fuera el caso, renunciar antes a la vida.

Qué le vamos a hacer

Qué le vamos a hacer,
si yo solo sé sentir
si tú eres mi sentimiento,
habitaba postergado a una sociedad
cada vez menos comprensiva
que se pierde en el hacer amargo,
que aparenta quererse
y tiene miedo a equivocarse.

Qué le vamos a hacer,
si mi realidad vio como tu brazo temblaba,
te llevaba sujeta y protegida
de un paso mal dado.
Los aciertos de la vida nos dieron un niño que creció
de la mano y aquí estamos, llevándote con cuidado
y sin equívoco, devolviéndote todo lo que me diste
y con la sencillez de los años.

Qué le vamos a hacer,
si cuando uno se hace mayor
siente la necesidad de querer devolver
todo lo que le dieron para crecer,
en cada gesto de complicidad y respeto
a los que un día le llevaron sin pedir nada a cambio.
Íbamos por la calle, una señora de mucha vida
y un jovenzuelo de demasiada pretensión,
de un brazo la sostenía yo y del otro un bastón,
para no dejar caer lo que fue cariño y comprensión
en unos ojos que ven
como lo chiquito se hace mayor.

Qué le vamos a hacer,
si mi abuela tenía la sensatez
con pérdida de algún recuerdo,
pero con el mismo sentimiento encontrado
que me hizo sentir
cuando apenas solo tenía cinco años,
andando al rastrillo y viniendo con el carro
de la compra, azul cielo y yo dentro.
Ella echa de menos lo que fui
pero siente el orgullo de lo que soy,
qué le vamos a hacer,
si la vida pasa.
Siempre sentiremos lo mismo que ayer
aunque un poco más viejos.

Aunque no lo leyeras

El amor existe para quien lo sepa valorar,
ya me cansé de pedir
a los demás que sean lo que no son,
es de ingratos dar todo lo que uno es
si nada merece la pena.
Y si es verdad que uno escribe y dedica su tiempo,
es para que otro se encuentre
con la palabra distante y el sentido mensaje.

¿Dónde quedaron las palabras que te dije
cuando no las quisiste oír?
En un cajón sin fondo, con la mecha encendida
que no se apaga, que cada vez da más calor.
Echemos más leña al fuego
por si alguna vez la duda se viene a derrumbar
en un frío que desate la falta de interés.

La vida está llena de cosas por hacer.
Hay cenas de restaurantes irrepetibles,
visitas a ciudades inolvidables,
viajes al fin del mundo improvisados
y paseos de la mano
donde uno debería detenerse y echar la vista atrás.
Pero no hay tiempo para invertir
en todas las palabras que completan lo recordado.

No me digas que no existe el momento,
dime que no surgió, que lo intentaste, que quisiste
y no pudiste.
Dime que te gustó el poema aunque no lo leyeras,
me valdría para sentir
que las palabras no se quedan solo en el papel.

También ellas viajan
y no pueden detenerse en los instantes que llenan,
al igual que uno al reír
no puede dejar de sentirse feliz.

Sintiéndolo mucho

Sintiéndolo mucho, el niño se escondió
y jugando al escondite descubrió
que era de valientes salvar a todos los compañeros
en un «por mí y por todos ellos».
Estaba destinado a caminar mundanamente
con el dolor de los mayores;
ese que se dejó ir cayendo en posadas,
donde fue quedando comprimido
en más de una lágrima
que por momentos no merecían la tristeza.

Sintiéndolo mucho,
por tierras manchegas muy sentidas,
se vio la herida que dejó a su paso.
Era un aprendiz venido a representar
una generación perdida;
creció entre la salvación y el escondite buscado,
en una plaza de pueblo
con un árbol esbelto a la vista,
creciente en desamparo
y resistente al sufrimiento que vivió.

Sintiéndolo mucho, y sin sentirlo apenas,
las penas dieron más de una alegría con los años
y pocos quedaron ya para celebrar lo cumplido
con el mismo corazón de los juegos tardíos,
que han quedado escondidos a la vista de todos,
en una plazuela desolada, en olvidadas tierras.

La esquina de los sueños

He llorado silencios
cuando el mundo hablaba demasiado,
me he demorado en querer
con la crudeza que habla sin más.
Quizás soy un poeta dispuesto
a hacer de la vida mi última rima.
El verso que da sentido al día,
yo lo busco por las noches
y es a lo que me agarro
para darme alguna alegría por la que estar.

He escrito de todo y de nada,
no entendéis que no se trata de valer
sino de hacerlo con el corazón,
dejándolo allí presto de verdad.
Quizás tenga demasiado que contar
y me ahogo en el fraseo musical.
Para el orden del mundo yo he dejado de existir
cuando lo curioso es buscar lo sensato;
ese trabajo con el que poder comer,
pero si todo mi tiempo es oro
hay tintes de escritor aunque sea pidiendo
en la calle, para poder expresar lo que veo.

Se ha roto la nostalgia en el recuerdo
y con una tirita hemos unido la realidad,
donde ser correspondido sea renunciar a uno
en un papel sin filtros.
Se ha pretendido regalar palabras
mientras estoy sentado en el suelo,

hay un vaso donde la gente echa monedas
y todos pasan mirando sin querer estar.
Es la esquina de los sueños
que sobrevivieron al desastre del mundo.

Aunque tú no lo sepas

Puede ser que el tiempo nos pregunte
por qué nadie se cansa de seguir por la vida,
o puede ser que nadie se pregunte por qué.
Puede ser que nadie se pare y diga «hasta aquí»,
puede ser que me ahogue en mis lágrimas,
o puede ser que alguien se pregunte
por lo que no tiene respuesta.
Aunque cueste decirlo, hay frases que son eternas
y aun sabiéndolo, se olvida.

Puede ser que el poeta escriba del dolor que padeció,
puede ser que todo sea diferente al empezar la mañana,
o puede ser que aunque la vida sea cada día más puta,
todos seguimos sin soltar su amarre.
Puede ser que con palabras sin ser poeta escriba lo que siento,
puede ser que no conciba una vida sin sentimiento,
o puede ser que por encima de todas las cosas
sonría al viandante desconocido.

Aunque ya se sepa, mi dolor con palabras
es el distinto de cada uno
y el mismo sinsentido de todos,
por las noches, cuando somos valientes
en reconocer la pérdida.
Aunque tú no lo sepas,
preferí siempre perder antes la vida
que el sentido de la vida.

A Luis García Montero

3. VOLVER A DONDE

Donde habite el olvido

Donde habite el olvido
me quedaré callado,
es tan bonito ser en diferido
que así será donde me busque
aunque no me encuentre.

Donde las penas no tengan sentido,
escucharé el llanto del que quiso
y me ocuparé de escribir
sobre la lágrima contenida,
                              del que se dejó querer;
ese que perdió a su amor
perdiéndose a sí mismo.

Donde quede mi maleta de viaje
de recuerdos contenidos,
dejaré estacionar mi vida
por si vuelve a ser una parada de tren,
que acompaña a los enamorados
en la despedida que no termina
y que no es un adiós.

Donde mi corazón vaya,
                              yo iré con él,
barriendo el dolor palpitante
del querer cambiar las cosas
que fueron trenes perdidos,
lo que no se dejó querer
por si te decides a volver.

El reloj

El tiempo tiene la infinitud definida,
el trasiego del segundero nos impide la perpetuidad,
las correrías del hacer lo que pueda
por ser igual que ayer.
El péndulo abandonado al balanceo indeciso
del que se ha cansado de seguir.

El dolor de corazón, no tiene remedio
cuando se quiebra lo que no puede ser corregido.
También se escribe la vida,
no con palabras sino con hechos:
somos la imperfecta razón del querer tenerla.
Siento que cada vez me importa menos,
la turbia realidad que no tiene remedio
y huyo como bandolero en busca del recuerdo
que dé credibilidad al zumbido
de un aire que no cesa,
de un susurro que no calla
y un tiempo que no espera.

El reloj de la casa abandonada
se rompió años atrás,
las horas se hicieron minutos
y los minutos retrocedieron en segundos.
Hay tiempos donde uno vive en diferido,
donde uno vive del ver volver,
donde el viejito se muere por volver.

Madre que se mira al espejo
y no se ve joven,
creció ayer y solo el hoy está hecho.
Hace ruido el latir de una vida,
con la rotura de un corazón que es el mismo
y con algún que otro arreglo que dan los años.
Vida que me dio la oportunidad de vivir.

En un lugar

Camino por tus calles,
convierto en distancia nuestro encuentro.
Me detengo, recuerdo y me alegro.

¿Dónde quedó lo nuestro?
Pintamos realidades en lienzos,
recitamos poesía sin talento,
escribimos libros aun sin saber hacerlo
y llenamos la vida de buenos momentos.

A veces, te echo de menos,
me da miedo no encontrar una salida
y siento vértigo del vacío que queda,
después de muerto.

La ciudad con rostro, que está llena de mirada,
se petrifica con el adiós contenido
de quien se queda, aunque se vaya.
Madrid fue el permiso y la certeza de lo que soy.

Donde se juntan la luz y la oscuridad
los colores aparecen,
para regalarnos un mundo mal dibujado
y no encontrarnos con el paso de los años.

A veces

A veces el promiscuo de sueños
se bifurca por el desamparo de la realidad,
y otras no tanto.
A veces es de ingratos rezar a la Virgen del desamparo
por descuidos de soledad,
y otras no tanto.
A veces el amor llama a mi puerta disfrazado
con esperanzas de divinidad,
y otras no tanto.
A veces, pocas solo,
el corazón es del que vendrá
y el latir del que no está.
Y entre dos,
el juego del querer no se atreve a disgustar en exceso.
Y con menos,
la jugada del desamor es de valientes a sufrir queriendo.
Y la esperanza del sentarse a la mesa,
de charlar por necesidad
y el necesitar alguna vez puritana maldita.

Todo progresar debe darse con novedad.
Vivir acorde a lo que se convirtió ya en historia
es falta de fidelidad a la proyectividad de la vida.
Sin esperanza de lo que vendrá,
corremos el riesgo de confundir la circunstancia vital
con lo circundante de la historia;
aun así me arriesgo.
Y lo más peligroso no es el no llegar a ser,
o el ser lo que te dicen otros que debes ser;
sino no saber qué eres.

Toda una vida es suficiente para ver que hay demasiado por descubrir,
pero demasiado poco para ser con verdad.

A veces no se trata de melancolía,
solo de realidad vacía.
De pagar con tiempo de vida,
una realidad cada vez más incomprendida.

Vida

La vida pasa,
mira dónde hemos llegado…
Veintiséis años de tarta con velas,
de canciones de cumpleaños,
de despedidas al soplar,
de risas tontas,
de payasadas sintiéndome el primer payaso.

Vida
que me quitas lo que me das,
eres
hermosamente necesaria,
vienes
cuando nadie te esperaba,
te quedas
para pasar un rato de alegría
y te vas
con la elegancia del que no mira atrás.

Vida
los lunes y los días de guardar,
gracias por estar.

Vida
aquí
ante el espejo,
valiente y soñador
de un mostrarse con dolor.

Vida
allí
ante los otros,
cobarde y fantaseador
de un verse sin dolor.

Vida que sufro,
herida que curo
y cicatriz que llevo.
Vida que quiero.
Vida que soy.
Vida que acaba sin poder volver a empezar…

Vives cuando mueres,
es una palabra por escribir.
Mueres cuando vives,
es una palabra ya leída,
                              pero con una diferencia;
el deseo de lo querido
ya no podrá ser,
lo que fue querido sin deseo.

La vida, ese no sé qué… que no veo.
La vida,
ese balbuceo consentido.

Ese descuido que no llega.
Ese suspiro que no es respiro.
Ese dolor que no es sufrido.
Ese amor que no es olvido.

La vida, mi vivir, mi querer, mi deseo;
esa ausencia tan poco presentida.

La vida,
ese sentir tan sentido,
ese comienzo que termina.

Puede ser que la vida sea de dos,
puede ser que sea un preguntar a la infancia
lo que pudo ser y no fue,
que sea un responder desde la vejez
lo que fue y no pudo ser,
o un no saber responder a lo que finalmente fue.
Puede ser que la vida dejó de ser.
No lo sé.

«¿Qué es la vida?», me preguntaba.
Mientras estaba solo
y la cama era cómoda,
el escritorio me definía a diario,
el armario ocultaba algo,
la madera sobre mis pies rechinaba,
y alguien hablaba pero no sabía dónde.
No parpadeaba,
ya no prestaba atención,
ni siquiera miraba,
cerraba los ojos y me despedía.
Dejando paso a la vida.

Sobre el papel

Escúchame, estoy aquí
esperando por si te decides a volver.
De idas y venidas tengo un pensar que no me puede hacer infeliz,
barreremos la puerta o controlaremos la entrada,
será con permiso pero sin sumisión.
Seremos como aquel que espera
lo que no ha llegado todavía.

Aún es demasiado pronto para volver,
si no hemos partido a tiempo de sobar papel
y demasiado tarde para quedarse,
si nos fuimos ya al cerrar solapa.

De oídas quiero sacar todo el sentimiento
que a través de mí se despierte en ti, lector.
Esperemos lo que haya que esperar.

Sonará en un tocadiscos tu canción preferida, cariño,
a las doce de la noche
cuando tus labios finos se posen sobre una copa.
Yo hablaré largo y tendido sobre filosofía,
tú escucharás sin interrupción
y asentirás complacida entre risas nocturnas.

Esperemos ser leídos,
volveremos a ser recordados aunque no queramos,
quedará impreso nuestro amor
a través del gesto en palabras.
Sin vaguedad volverá lo que no se fue,
pero quedó esperando por si vuelves a leer.

La metáfora

Fulgurante pena malograda.
Insomnio de escueto bostezo.
Turbia lujuria de corazones rotos.
Insobornable lirismo acometido.

Letras vistas y referencia oculta…
el porqué de un suicida,
la suplantación de la realidad,
y el sentido íntimo del quizás.

El decir a medias
con salvación ingrata,
pero harto buscada.
La sinrazón sentida,
el estilo y lo que soy.

Lo humano

El verso que no rima,
la palabra que salva,
el preludio que no espera,
la risa que llena
y el dolor que no llega.

Incompletos jugando a no serlo,
perfectos al verse en el espejo,
soñadores algo insatisfechos.

Intenta, cura y vive.
Dolor,
error de la alegría.
Palpita, sangra y muere.
Alegría,
suerte sin dolor.

Recuerdo tu cuerpo en mi retina pidiendo guerra,
recuerdo lo bonito de esta vida y la ignorancia de esa niña,
recuerdo lo que querías, aquello por lo que lucharía.
Prefiero dormir entre cartones, que con visas y sillones.

Mucho ruido de gente que muere en silencio,
mucha conciencia hacía falta para cambiar esto.
Mucho escaparate para tan poco maniquí,
mucho sinvergüenza
parece una especie sin fin.
Mucha codicia, poco sentido, faltan humanos.
Va a ser verdad, que lo humano
solo aparece con la tempestad.

Hay noches

Hay noches de desvelo
donde me quedo ausente,
el silencio me da que pensar
y se vuelve insoportable
cuando parece que el mañana no llega,
sin decidirlo planifico
y queriéndolo en exceso
me olvido de lo que ayer me hizo conciliar el sueño.

Hay noches donde descubro
que he hablado al yo mismísimo,
ya sabes que me encuentro
cuando no tengo nada que perder.

He jugado con palabras
lo que con las lecturas no he sabido ver,
y tengo que decir
que detrás de cada depósito escrito
hay una dicción insalvable
queriendo ser salvavidas de otros.

Creo en la oscuridad iluminada,
en el niño que se levanta a medianoche
y toma una linterna para mirar el monstruo del armario,
que toma un libro y se pone a leer debajo de las sábanas,
que vive de su sueño y se inventa la vida.
Ese hermoso cuento que a todos nos leyeron,
el «siempre te querré» que es eterno.

Silencio

Entonces,
no sé cómo contarte al oído promesas de guardar,
esconder el coraje en tramas frustradas
y salvar lo poco o mucho que quede por hacer.
Desconozco la ilusión que se perfila en un niño,
el resistir del pobre
y la perdurabilidad de la vejez.
Cuando sin querer sonríes,
sin saber por qué
el corazón palpita más rápido de la cuenta,
comienzas a levitar creyendo que puedes volar
y te armas de valor para querer el mundo,
tal y como se ha vestido hoy para ti
en un azaroso sentimiento de felicidad.

Escucha el sonido del aire
cuando el silencio habla y las palabras callan,
atrévete a vivir sin posesión
y con la fragancia que deja huella en las personas.
Todo parece que está en calma,
el dolor ya no duele como antes
y el corazón se paró
en ese preciso momento cuando ya no encontró
ni un impulso por el que vibrar,
ningún sonido por el que romper el silencio.

La juventud que fue

Jugábamos en el patio del colegio
cuando la vida que fue se pierde,
en los columpios nos dejábamos llevar
cual lanzadera al infinito,
en las esquinas del patio nos sentimos
confesores secretos
y a la carrera nos encontrábamos.
Conocimos la lealtad, la amistad y el primer amor.

La infancia tiene ese toque de amargura
que fue dulzura, la propensión inconclusa
de dejar de serlo y el proyecto que no vuelve.

Niños inocentes, confiados de un mundo dado.
Crecen con ilusión idílica
del verse incapaces de descanso.
Sueños que confunden al más pequeño,
se nos olvida todo lo que hicieron por nosotros
y perdemos la ilusión con el paso de los años.

El esquema de la juventud
es la maduración tardía
de una velada cosechada
en noches de baile sin música.

Vidas desconocidas con problemas compartidos.
Hay caminos que llevan a la infancia que no fue,
y podría haber sido.

Echar la vista atrás

No me pidas compañía
las noches que no estoy.
No me digas que me añoras
los días que me voy.
No me quieras
con el quiero y ya no puedo.

El cordón enlazado anda sin mancharse,
la suela de mis zapatos soporta tu cuerpo,
y el caminar sin echar la vista atrás
es camino encontrado.

Lo jodido de las despedidas
no es el que se queda,
es el que se va
y se va, para encontrar un mejor sitio
en el que poder estar.

Adiós imposible,
pequeña introducción
valerosa en poder quedarse.

Fui de pueblo

Hay un sitio en el que aprendí a vivir,
crecí jugando al escondite
y conociendo a todo el mundo de aquella plaza,
echo de menos lo que fue
pero aprendí a sentir y ser feliz sin huir.

Tuve que despedirme cada vez que me alejaba,
cada fin de verano, iba creciendo sin quererlo.
Te decía adiós abuelo, amistades de Peter Pan y costumbres del más allá;
gracias.
Te llevo muy adentro y en mi soledad te recreo,
pero ya no sabía qué hacer;
te fuiste tú antes de que me fuera yo.
Ya nada era como antes,
tuve miedo de perderte y me perdí yo.

Ahora no puedes pedirme que vuelva,
si lo que para mí un día fuiste
se ha esfumado.
Me da miedo ver la verdad
detrás de una realidad
que no es la mía,
que para mí existe en el recuerdo
tal y como fue en mí.
Mi maravillosa infancia,
que aunque ya no está
se vino conmigo.
Mi pueblo no fue un lugar,
fue un sentimiento y un momento de vida.
Al que ya no podré volver jamás.

Tiempo

El recorrido es un sostener carcomido
por el tiempo sufrido,
con ese toque de amargura
en vasos de cristal vacíos.

Todo lo llevadero será la levedad atrevida del querer
un poco más cada día,
el lanzarme a surcar mares secos
con un bote salvavidas en humedales perdidos
y dibujar la sonrisa en el rostro ajeno
con la imperfección de los dedos de un niño
que no quiere crecer.

El susurro con distancia
es el deseo de lo mejor a los extraños,
a los que no conocemos
y ni se imaginan de nuestra protección.
Mi juventud me ha regalado
los mejores años de mi vida,
podrá pasar la ignorancia por el tiempo
del pretender beber de la botella descorchada
pero seré un borracho del amor fugitivo.

El miedo a perder lo que fui,
me levanta cada mañana
para correr la cuenta atrás del día, hacia delante
pero con sabores pasados,
de humedad en campo virgen,
de vasos que no hacía falta llenar
y botellas que no hacía falta descorchar;

sin umbría seca,
esa que nunca imaginé en la trastienda del querer
por lo bonito que es la vida
cuando uno comienza a crecer.

El tiempo que hubiera dado
por que alguien me hubiera enseñado a vivir,
manteniendo los segundos que se pierden
en hacer lo que queremos.

Una utopía

Hemos intercambiado poesía,
palabras y despedidas.
Nos hemos inventado un mundo
sin hechos complejos ni preocupaciones.
Hemos vivido a expensas
de los momentos de felicidad
y nos ha sentado bien.
Nos hemos quedado vacíos
y ausentes ante tanta hipocresía.
Hemos sentido el dolor ajeno una mañana de domingo
paseando por el Rastro de Madrid
y hemos visto cómo se convertía un sueño humilde,
vendido en libros de segunda mano
como una segunda oportunidad,
en historias que vivir, leídas en la noche más sombría.

Nos hemos querido
allí donde siempre estaremos solos,
en el sonido de nuestro palpitar
que solo sentimos nosotros.
Hemos creído en un mundo
donde se pueda vivir de lo que se quiera
con esfuerzo y dedicación,
y hemos padecido una utopía
vestida con nostalgia de venta ambulante.
En el Rastro de Madrid donde todo se encuentra,
nada se quiso lo suficiente
y todo se vendió
en cajas de cartón.

Un sitio donde brillar

Una ráfaga de aire ha tirado por tierra
el castillo de naipes donde fui feliz.
La nube es real en el cielo,
allá donde todo parecía brillar
se oculta el miedo en sonrisas que se fueron.
Que nuestra verdad sea un gotear
encapotado con sombras y pérdida de luz
en la oscuridad.

El leve destello que desprendes
completa el motivo por el que mirarte,
todo cambia y yo me quedo aquí parado,
esperando por momentos
la despedida que no llega,
descuidando el tiempo que fue bien gastado.
He retrocedido, como si volviese de un sitio
donde no hubiese oportunidad para el que la perdió.
Me he visto reflejado, por momentos
ante un espejo que no desprendía nada bueno.

Solo busco un sitio donde brillar, en plena oscuridad.
Dime si es posible lograr la felicidad
en un mundo que tiene la felicidad a la mano,
donde todo pareciese facilidad.
Si la felicidad es un camino,
su búsqueda durante toda mi vida
hizo levantar un castillo infranqueable
donde el aire no pudiera pasar.

Noches de infancia

El niño ha estrenado una vida,
maltrecha por lo minucioso del tiempo.
Se hundía las noches de llanto y engaño
y solo podía esconderse debajo de las sábanas,
ocultando la luz que le hacía brillar.

Ese niño pequeño que se cubría el rostro
para protegerse del monstruo que salía del armario
cuando ya no veía, en noches frías de oscuridad
insegura y traicionera realidad.

Alumbraba con una linterna
la protección encontrada
en unos ojos que sabían bien lo que mirar;
quizás en el silencio de la noche,
un libro era el contenedor
donde ser sin miedo a los demás,
por eso leía cuentos sintiéndose un personaje más.

Me engaño cada mañana
creyendo que todo depende del cómo mirar,
he dado la vuelta a los años
para decirme que soy incapaz
de estar a la altura de mi genio.
Quizás donde todo parece cambiar;
la locura del intento, sea una pérdida de vida
que es buscada en todo lo que me falta.

Creo que el niño pequeño, estaría orgulloso
de que no le dejases atrás;
que le protegieses sin renunciar a sus sueños,
abrazado a los posibles de un genio que no logró.
A veces, con mi risa solitaria
transformo el dolor adulto
en el ridículo silenciado del mundo,
y me hago niño
para poder decirme que aún hay esperanza.

Lo que uno es

Lo que uno es, la intención que quedó
en lo que no pudo cumplir.
Dolió el cuerpo las noches de invierno,
muchos creyeron que era un vacío en el corazón.
Solo el logro maltrecho en la vida
se olvida de la frustración del intento.
Se hace la joven promesa
en el recuerdo de lo que tuvo que dejar de lado,
para ser comienzo.

Lo que duele no es un poema de noche mal leído,
ni una canción escuchada en soledad,
ni un quizás que se consumió;
lo que duele son los sentimientos nocturnos,
la canción que se cantó en aquel lugar…
y los sueños que se revelaron al abandono.
Lo que queda después de un abrazo
es el clavo que no se pudo quitar de la madera;
cuando los árboles talados quedaron atrás,
los materiales utilizados
como si se pudiera volver a empezar
se revelaron a lo que un día fueron con dignidad.

Lo que estoy dispuesto a ser, ese que camina
por caminos que se perdieron antes de empezar;
sin más orientación que la de mi corazón,
donde la sonrisa esté dispuesta a posar
aunque no haya nada que fotografiar.

Escapadas

La Dulcinea escondida en palacios ausentes,
en casas solitarias y amores imposibles.
Cuando me despido de su ciudad,
voy camino a la sierra en un vehículo musical
si el escape es necesidad.
Princesa de castillo con solares de amor real
y con el corazón dispuesto, en noches de Madrid,
a enseñar que cada uno
con su realidad,
pero enamorados del quizás…

Señorita de azotea buscando algo que otear,
como si toda persona
se dispusiese en buen caballero.
Hay inviernos que florecen
en el campear que huye de la ciudad,
con despidos que duelen
en una fría tempestad interior.

Hay un cajón en mi habitación
lleno de las nieblas de la montaña; que a veces abro
y en cuyo respirar descubro olores a pizarra mojada
queriendo mostrar lo mejor de aquel lugar,
al que vuelvo saliendo de Madrid
por la carretera del norte.

Pasos a ninguna parte

Y si el camino está perdido
sin destino y con pasos a ninguna parte;
con la pérdida de uno mismo,
haré como el ladrón honesto
que espera al otro lado del camino
sin ser visto, en su lugar conocido.
Entre matorrales lo real se esconde,
revoltoso dolor de muelas
si el destino no encaja con el viaje decidido.

Fingiré orientación paseada,
cuidadosa realidad que lejos nos lleva
por valles y collados que nos son problema,
donde lo natural es pararse
al borde del precipicio y ser capaz de salvarse.

Querré tirarme al vacío, tirarme el primero,
orgulloso, fanfarrón y desprejuiciado;
si el dolor se esconde entre matorrales
y no para de ser molestia, robaré mi nuevo destino.
Pero aceptaré andar camino a través,
si la travesía no es de buen gusto.

Una vida en palabras

Tenemos un puñado de sueños,
que tiramos a la papelera.
Un buen día escribimos para recordar
y no está a la altura del recuerdo.
Lo muy bonito lucha contra el olvido,
queriendo estar a la altura
de no se sabe bien qué.
He dejado impresa una vida,
para rescatar lo que de ella
será barrido por el tiempo.

Quería la eternidad con palabras
que jugaban a superarse día a día;
pero no sé dónde se esconde su finalidad,
si a todo lo que hago
le pretendo dar una creación
en cuartillas que quedaran en un cajón
                          de habitación.
He escrito con el corazón,
sobre una vida dada que se creía la única real.
Quizás desear la muerte, sea querer otra vida.

Escribo del amor
rescatado de una infancia recordada,
en un paisaje castizo confesional
que se me perdió.
Quizás quiera esa vida que se me fue,
que me inventé
o que ni tan siquiera fue real;
                          pero que yo me creí así.

Perdí un poema

¿Dónde quedaron las promesas
por las que arriesgaste la vida?
En un cajón vacío la nostalgia mata
los sueños buscados en una carrera continua,
que fue perdida desde la pista de salida.

Me duele el corazón al perder lo escrito;
sufro en la búsqueda sin logro encontrado
que no sabe del querer ser real
en una realidad que no me deja ser,
que no acepta lo diferente
y está enferma de falta de cortesía.
Me da lo mismo quedarme desnudo a la intemperie
si todo lo que puedo perder está debajo de la piel,
si grito y nada sale de mí, si hago todo lo posible
por recuperar lo que no viví.

He perdido un poema en el cajón que lo guardé,
he ido a buscarlo y ya no estaba.
La congoja producida ha herido de muerte
la soledad que me ha dejado su ausencia,
el saber estar con cariño ha explotado
por caminos de amargura que eran corridos,
sin posibilidad de encuentro alguno
en palabras que se esfumaron con el tiempo.
Perdí un poema que tenía ya escrito
cuando la protección vino de niño
y solo pretendió seguir su camino.

El mundo

El mundo lleva a su espalda el dolor del tiempo,
de diversas realidades que sucumbieron
a lo que no consideraron veraz.
Lo real es inventar un mundo maravilloso
en el que poder ser sin los demás,
ha llegado un punto
en el que es más real el sueño que la realidad,
todos vamos de un sitio a otro seguros
sin la invención del ser con humildad.
Si el mundo es una mierda,
díganlo y no se engañen.

Aceptar la realidad es de valientes,
contentarse con ella es de cobardes
y querer hacer de una vida personal
lo acorde en el debe ser de cada cual en sociedad,
es jugar a las marionetas engañándose.
El tiempo se esfuma
tratando de pensar lo que debería hacer
y se llena con lo que uno es,
sin pensar demasiado
y tomándonos una copa en la barra de un bar.

Esos años

Donde quedaron esos años
que duelen por su ausencia,
que reviven con su presencia,
que matan sin su momento travieso
y que inundan la sequía del sosiego.
Siempre quise ser un niño feliz
sin dejar de serlo,
empedernido por vivir del sueño
y demasiado bromista con lo importante.

Mi escondite sigue siendo el mismo que hace años,
he dejado atrás las ganas de correr
y ahora me imagino corriendo.
El niño lo llevo conmigo,
a veces lo veo reír ante el espejo
pretendiendo devolverme la felicidad
que desapareció con los años.
El anciano que soy, sabe más del dolor
que de las alegres correrías
donde todo valía al sentirlo suficiente.

Se van perdiendo los años,
se consumen en promesas de futuro
y se olvidan en caminos cada vez menos sentidos.
Hay un camino por el que poder andar
sin elegir una senda
en la que no dejar atrás camino ya andado,
es la búsqueda de una vida
donde el niño y el anciano
sean la compañía que no se conoció en vida,
pero que es necesidad de por vida.

La tertulia de tiempos pasados

Sigo pasando por el Café Gijón,
como el que viene de ninguna parte
y siempre acaba en el mismo lugar,
la tertulia de tiempos pasados
solo se interrumpe con el silencio del hoy.

Mientras tanto yo medito tomándome un café
como si nada pasase, como si nada oliese a historia.
¿Cómo echar de menos lo que nunca viví?
Pues ahí estoy yo, solo
en un templo que versó por amor al arte.
El escritorio compartido del escritor
que pereció, que ya no volvió a ser lo mismo,
que me transmite la pena de los que se fueron
y no vino nadie a ocupar el vacío que dejaron.

Yo escribo en esas mesas de café
palabras que quedarán en el olvido,
intentos de supervivencia con lo escrito
y sueños contados en el vacío humano.
Yo echo de menos la tertulia de antes,
suplantada por el oficio turístico del hoy
en lo que fue.
El Café Gijón es la melancolía en personas nuevas
con muebles que están vivos,
que hablan cuando nadie lo hace
y mantienen el espíritu literario
en un lugar de fantasmas.

Me gusta el olor a papel en libros viejos,
las historias que vivieron y las que contaron.
El cuidado del ayer con caricias
y las lecturas nocturnas
que dan algún sentido a lo vivido,
mis sueños en los que encuentro la felicidad.

Todo lo que queda de la persona
cuando muere sobre el papel,
el hálito de esperanza que deposita en el lector
y la perpetuidad del habla impresa.

Epitafio

He derramado letras
sobre un papel arrugado;
pero han sido todas sentidas.
He firmado el epitafio de mi vida
y me ha hecho sentir bien.

He malgastado el tiempo preocupado por amor,
sin ocuparme de mi querer.
He hecho malabares en el abismo
y puedo decir que fui feliz.

Hay una necesidad de volver
del que no se ha ido aún;
sé que me llevas de tu mano,
sé que nunca reímos a medias,
sé que acaricias sin tocar…

Al recordar mañana el hoy,
en el cerrar los ojos
para poder ver.
El saber que no rimas; pero qué importa,
si es sangrado.

Tengo un libro disperso lleno de espejismos,
protagonizado por un yo libertador de una vida a cuestas.
La idea intentada de una persona
que juega a ser tal cual es,
los personajes que no se ven
con demasiado sentimiento expuesto
y la experiencia demoledora del que construye sin cimientos…

Dolor de vida
condenado a estar.
Malas personas
transeúntes de gloria.

Pálpito de mundo
que separa y que ahoga,
que duele y que mata.

El solo sufrir de abandono,
el sentirse solo.
La ayuda que no llega, el socorro que no espera.
El desear su muerte
y conceder deseo.
El querer cambiar las cosas y no poder hacerlo.

Salvarse con el suicidio
es de cobardes.
Suicidarse para salvarse
es de valientes.
La vida duele en silencio,
y el silencio se acaba muriendo.

Cementerio

No es un mañana, es un día tardío
pretendiendo llegar a lo que quedó detrás.
Lo intentamos y volvió a empezar
la nostalgia mal querida del echar de menos
lo que nunca empezó.
Ahora haré como los sonámbulos,
que van a ciegas
en busca de lo que le robaron despierto.

Ni el polvo de los huesos quedará
cuando el corazón que no se ve, deje de latir.
No me veréis en una realidad
donde yo no pueda ser; pero quizás haya vivido más
del recuerdo que murió, que de los momentos
que fueron realidad.
En el cementerio de los corazones huecos,
la soledad que no les dejó sentir
comienza a palpitar
por si alguien se acuerda de ellos.
Suenan risas de melancolía en tumbas vacías,
que en su día se atrevieron a arriesgar la vida.

Un adiós

Susurramos a los oídos utopías de amor
y escondemos a voz en grito agonías de amores prohibidos.
La vida será un continuo semáforo en rojo o no será;
pero será uno de esos que crucemos, corriendo y sin mirar atrás.
Quizás de eso se trate la vida,
de un salvarse aunque cueste la vida.

Que cada noche mires al techo de tu cuarto como si fuera tu cielo,
que por un descuido estés ya durmiendo y la realidad sea tu sueño.
Que seas un incomprendido en tu maravilloso vuelo,
que crezcas muy adentro, allí donde nadie se dignó a buscar
y todos pretendieron cambiar.
Ojalá crearte con delicadeza,
ser un lápiz rozando una hoja de papel
como si se tratase de acariciar con mis dedos tu piel.
Ojalá mirarte, tan solo viéndome en ti.
Cada noche deseo ser un dibujo tuyo, de esos que sé que son trozos de ti.
Ojalá seas siempre mi abril.

Que cuando pase el tiempo pueda echar la vista atrás
como si fuese nuestro último baile.
Que cuando no queden melodías,
tan solo cantemos a la vida y soñemos que todo vale.
Que cuando las palabras tiemblen, los poemas callen y los besos hablen.
Que seas mis planes.

Que esto se acaba,
que he disfrutado cada momento al pie del cañón como si fuese el último,
que amo el buen vino si es compartido,
que ojalá siga siendo aquel niño inocente, que era el último de la fila
con la esperanza de no tener que saltar a la comba de esta vida,
que en lo de preguntar siempre fui el que miraba el cuaderno
escondiéndome en mi mundo, que me veía diferente y me hicieron vulnerable,
que la vida es aprendizaje, que la mejor respuesta fue desear un buen viaje…

Que he descuidado aquel niño,
que éramos de la banda del patio,
de las tiritas en las rodillas, el escondite y las carreras eternas,
el bocadillo de la tarde, de las notitas tiradas al aire, de la esquina del recreo…
Que nunca fui de despedidas,
incondicionales,
fatales,
de esas que matan pero reviven al tiempo…
Que siempre te quise libre,
que soy un romántico empedernido con vocación suicida.

Que siga viva la felicidad de aquel niño.
Que seas mi mayor deseo y que la vida nos pille riendo.
¡Feliz vida!

Índice